AF360304

JULIEN VINSON.

LE VERBE BASQUE.

PARIS

MAISONNEUVE, LIBRAIRE-ÉDITEUR

1874.

Extrait de la Revue de Linguistique et de Philologie comparée (T. VI, fasc. 3.)

Vienne. — Typographie Adolphe Holzhausen.

LE VERBE BASQUE.

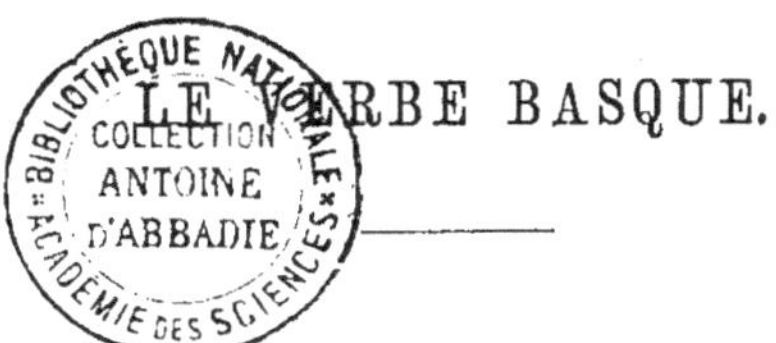

La langue basque occupe géographiquement une si
petite place dans le monde, qu'elle n'a été découverte,
si j'ose m'exprimer ainsi, que fort tard et n'a été jusqu'à
ce jour l'objet que d'un très-faible nombre de travaux
scientifiques. Parmi tous ceux qui ont écrit sur cette
langue remarquable, on ne compte, en effet, que de rares
linguistes et bien peu de philologues; et c'est tout au
plus depuis une vingtaine d'années que des études sérieu-
ses ont été entreprises dans le domaine euscarien. Mal-
heureusement, la plupart des brochures, des articles ou
des livres publiés ont été composés à l'aide d'éléments
insuffisants ou sont le résultat d'une observation très-im-
parfaite des dialectes basques; beaucoup sont basés sur
des documents de seconde main, plus ou moins exacts et
complets; presque tous, enfin, me semblent conçus d'après
de tout autres principes que ceux, seuls féconds et logi-
ques, de la méthode scientifique, positive et naturelle.

La supériorité de cette méthode est prouvée irré-
futablement par les conclusions, qu'on aimerait à appeler

merveilleuses si un tel mot ne devait être banni de la science, auxquelles ont été conduits les savants qui ont exercé leur activité dans le domaine indo-européen, en la prenant pour aide et pour guide. Celui qui est au courant de l'œuvre remarquable de Schleicher; celui qui a lu et médité les principes fondamentaux, la raison d'être de cette puissante méthode, dans la rapide esquisse que le maître en a tracée, ne saurait comprendre qu'on n'essayât pas de l'appliquer à tous les produits sonores de l'organisme humain, c'est à dire aux diverses manifestations du langage articulé. Celui-là seul peut s'y refuser qui nie la constitution matérielle du langage; qui, méconnaissant les faits, voit dans la parole une œuvre artificielle, indépendante de l'homme et extérieure à ses organes; qui n'a pas conscience de la nature intime des éléments linguistiques; qui ne s'est point rendu compte du développement et de la décadence du langage; qui, enfin, n'a pas compris la réalité des deux phases successives de la vie des langues. Il est vrai que celui-là ne saurait, à vrai dire, prétendre faire de la science et que ses travaux, malgré tout, ne pourront jamais offrir qu'un intérêt secondaire.

C'est surtout à propos du verbe que l'imagination des *bascophiles* amateurs, des grammairiens empiriques s'est donné libre carrière. Le verbe basque présente à l'observateur un édifice véritablement très compliqué, dont, faute d'idées générales suffisantes, on n'a habituellement pas compris la nature. Et pourtant, lorsqu'on compare le verbe basque à celui des langues les mieux étudiées, indo-européennes, sémitiques, ougriennes [1]), on trouve que

---

[1]) J'entends ce mot dans le même sens que **M.** Budenz, dans ses *Ugrische sprachstudien*. Il s'agit de la famille linguistique dite vulgairement finnoise, finno-tatare, etc., constituée par le suomi, le la-

ce qui est vraiment nouveau, ce qui caractérise par conséquent la vaste synthèse euscarienne, c'est la faculté d'incorporer dans l'expression verbale même le signe du régime indirect ou attribut, à côté de celui du régime direct ou objet. Qu'y a-t-il cependant là de si étrange, de si anormal, de si admirable? C'est une simple extension du principe d'agglutination, commun aux langues des deux classes linguistiques supérieures, c'est à dire du développement formel. Les langues aryennes ont joint étroitement au verbe les pronoms sujets seuls; les langues sémitiques et finnoises ont en outre la conjugaison objective pronominale, s'est à dire qu'elles agglutinent au radical verbal les pronoms régimes directs; le basque est à un degré de plus: il incorpore les pronoms régimes indirects et développe une abondante conjugaison attributive pronominale. Comment donc justifier l'ardent enthousiasme qui s'est traduit par tant de dissertations aussi extravagantes que ridicules?[1])

Même en nous en tenant à la période historique de la vie des langues, nous pouvons observer autour de nous des phénomènes capables de nous faire comprendre le développement de semblables formes. Quand l'espagnol écrit *pongaselo* et l'italien *portandovelo*, transformant en enclitiques les pronoms qui accompagnent le verbe, il y

---

pon et leurs voisins; le mordvine, le tchérémisse, le votiaque, le syriène, l'ostiaque, le vogoul et le magyar.

[1]) Les livres les plus curieux à ce point de vue sont certainement *l'Histoire des Cantabres*, par l'abbé d'Iharce de Bidassouet (Paris, Didot, 1825) et la *Semana Hispano-vascongada* (Pampelune, Vᵛᵉ Longas, 1804), pleins l'un et l'autre d'étymologies aussi fantastiques que la suivante proposée par Larramendi (*Dictionnaire*, prolégomènes, 1ʳᵉ partie. §. 8): ὕδωρ, qu'on doit prononcer *hydor*, vient évidemment *par antithèse* du basque *idorra* „sec" ..... *Alfana* vient *d'equus* sans doute, *lucus* a non lucendo, etc.

a là quelque analogie avec le procédé qui a donné nais-
sance au basque *dakharkit* „il me le porte". [1])

D'ailleurs, le système verbal du basque n'est point
sans lacunes. Il ne possède pas, comme les langues
ougriennes, le verbe actif indifférent, indéfini; et quand
le magyar, p. ex., peut employer deux formes telles, que
látom „je le vois" et *látok* „je vois" le basque ne peut
dire que „je le vois", *dakusat* (périphrastiquement *ikusten
dut*). Il ne saurait dire non plus en un seul mot: „je
donne à lui" p. ex. et a perdu des formes qu'il paraît
avoir anciennement possédées telles que: „je te donne à
lui" ou „il me donne à toi". [2])

Au surplus, le nombre des combinaisons de cette
nature varie beaucoup d'un idiome à l'autre. Nous pour-
rions citer de nombreux exemples et voir comment s'opère
dans diverses langues la suffixation ou préfixation des
signes modals ou temporels; nous nous contenterons de
rappeler la multiplicité des voix du verbe turc où *sev-mek*
„aimer" peut se développer jusqu'à *sev-ich-dir-il-he-me-
mek* (en un seul mot) „ne pas pouvoir être amené à
s'aimer réciproquement". Au point de vue de sa capacité
agglutinante, le basque n'est-il pas inférieur aux idiomes
américains qui à côté de la conjugaison indéterminée

---

[1]) Il y a seulement analogie, car il ne faut pas perdre de vue
la différence fondamentale entre le *développement formel* (préhistorique)
qui a lieu à l'aide de racines nues et la *composition* (historique).

[2]) Le seul document linguistique où l'on trouve des traces de
pareilles formes est le *Nouveau testament* (labourdin mêlé de bas-navar-
rais), traduit par Jean de Liçarrague de Briscous, publié en 1571 à La
Rochelle par ordre de la reine de Navarre, Jeanne d'Albret. Des
exemplaires de ce précieux livre se trouvent à la Bibliothèque Natio-
nale, à Paris, et dans la Bibliothèque publique de la ville d'Oloron.
Puis, à Londres, au British Museum et à la Société biblique. — Voy.
Revue de linguistique, V, 193, note).

possèdent la conjugaison objective et la conjugaison attributive [1]), qui ont le duel et qui enfin, comme les ougriens
ou les syro-arabes, ont les suffixes pronominaux dont aucune trace ne se retrouve en basque? Il est vrai qu'en
revanche on peut citer les langues dravidiennes parmi
les plus pauvres de celles de la seconde catégorie : elles
n'ont aucune des formes auxquelles je viens de faire al-
lusion et leur verbe a seulement trois temps, un mode
(l'indicatif), deux nombres et trois personnes. Ces idiomes
sont pourtant supérieurs (si c'est vraiment une supériorité)
au basque en un point, la facilité avec laquelle les suffixes nominaux et verbaux s'échangent et celle avec laquelle ils se réunissent; c'est dans les vieux poèmes
tamouls qu'on lit des formes telles que *sârndâykku*) „à
toi qui es arrivé“, formé de *sârndây* „tu es arrivé“ et
ku „à“; *manattinênukku* „à moi qui ai l'esprit“ de *ma-
nattin,* dérivé-adjectif de *manam* (sk. manas), *ên* suffixe
pronominal, *u* euph. et *ku*.

Dans les travaux que l'on peut tenir comme sérieux,
quatre théories ont été proposées sur le verbe basque.
J'en ai exposé et critiqué deux d'une façon assez déve-
loppée pour me dispenser d'y revenir. Celle de M. l'abbé
Inchauspe pour qui le verbe basque est essentiellement
périphrastique, et pour qui les deux auxiliaires ne sont
que deux voix d'un même verbe idéal, sans radical
phonétique, m'a particulièrement occupé (I, 385, 390; II,
241; IV, 67; V, 190). J'ai analysé tout récemment
celle du prince L.-L. Bonaparte, en rendant compte
de ses dernières publications basques (V, 190): je
tiens toutefois à rappeler qu'en dehors des formes de
l'auxiliaire „avoir“ où je vois un radical verbal *u* (pour

---

[1]) Il paraît même que certains de ces idiomes incorporent le
nom au verbe. Mais c'est, je crois, un point à élucider et à éclaircir.

lui, cet *u* est le signe du pronom régime), le prince B. reconnaît aux verbes basques un radical à sens d'action, puisqu'il dérive les diverses formes des auxiliaires de *iz* „être", de *egin* „faire" ou de *egoki* „demeurer"; pour plus de détails, les lecteurs voudront bien se reporter à l'article cité et spécialement aux p. 201—202 où est résumée toute cette théorie verbale générale.

Le troisième système, par lequel on a cherché à expliquer les originalités de la conjugaison basque est à coup sûr nouveau et mérite d'être examiné en détail. C'est celui de M. de Charencey, qu'il n'a jamais longuement et complétement développé, mais qu'il a esquissé dans plusieurs de ses écrits et notamment dans un travail qu'a publié cette même Revue (V, p. 389).

Pour M. de Ch., il n'y a point de verbe en basque. Tous les soi-disants verbes simples sont composés de sortes de participes verbaux et d'un auxiliaire, affirmation que Darrigol, Chaho, M. Inchauspe et d'autres ont avancées avant M. de Ch., mais dont, pas plus que lui, ils n'ont essayé une démonstration. Et cependant, tant qu'on n'aura pas clairement fait voir la différence formelle entre *naiz* ou *niz* ou *naz* „je suis" et *nathor* ou *nator* „je viens"; tant qu'on n'aura pas prouvé matériellement et phonétiquement la prétendue contraction de *ethorten* ou *ethortzen niz* en *nathor*, [1]) les linguistes auront le droit de regarder cette hypothèse comme un à priori absolument inadmissible.

---

[1]) Pour diminuer la force de l'objection, on a dit que *nabila* „je marche" = *ibili naiz*, mais *ibili naiz* signifie „j'ai marché". On a dit aussi (Darrigol, *Dissertation*, p. 109) que *nabila* = *naiz ibil* „je suis, marcher (radical)"; mais cette construction est contraire à celle voulue par la syntaxe euscarienne, et, en outre, si l'*a* final de *nabila* est manifestement épenthétique, comment expliquer la chute des trois lettres *iz i* dans *naiz ibil*?

Quoiqu'il en soit, il y a en basque deux auxiliaires de la conjugaison périphrastique, aux sens respectifs de „avoir" et „être". C'est ici que commence ce qui appartient en propre à M. de Ch. dans la théorie que j'examine. Selon lui, les deux auxiliaires, seuls verbes véritables du basque, sont des créations adventices et relativement récentes: le verbe „avoir" dérive de „être", car „j'ai" p. ex. c'est „il est à moi"; et, quant à „être", il est formé, dans ses deux temps principaux (présent et imparfait de l'indicatif), de pronoms déclinés par le suffixe instrumental (que les „bascophiles" ont qualifié du titre bizarre de *médiatif*) auxquels s'ajoutent, à l'imparfait, l'adjectif *zen* „mort, défunt, feu"; ce même *zen* constitue à lui tout seul la 3e pers. sing. de l'imp. indic. Il paraît que quelque chose d'analogue se serait passé dans certains idiomes de l'Amérique qui se seraient forgé tout récemment un verbe „être". Quant à la 3e pers. sing. de l'indic. prés., M. de Ch. la déclare empruntée au celte.

M. de Ch. ne cherche à expliquer phonétiquement que les deux premières personnes: *niz* „je suis", *hiz* „tu es" sont pour lui en réalité *ni-z*, *hi-z* „par moi, par toi"; *nintzen* „j'étais", *hintzen* „tu étais" c'est *niz*, *hiz* plus *zen* „mort", avec *n* adventice, euphonique et *zz* „adouci" en *tz*. Examinons ces étymologies.

On peut objecter en premier lieu à M. de Ch. qu'en fait „par moi, par toi" se dit en basque *nitaz*, *hitaz*, avec ce *ta* qui intervient à tous les cas locaux dans la déclinaison nominale indéfinie et, en outre, à l'instrumental de *tous* les pronoms: on dit en effet *gutaz* „par nous", *hartaz* „par celui-là", *huntaz* „par celui-ci", *zertaz* „par quoi?", *nortaz* „par qui?" etc.; quelques dialectes varient *taz* en *tzaz* et disent p. ex. *hartzaz*, *zertzaz*, etc. M. de Ch. a prévu l'objection, mais sa réfutation me semble

puérile: „Pour distinguer", dit-il „la forme pronominale
„prise dans un sens verbal de celle qui conserve pure-
„ment et simplement sa valeur de pronom, on a été
„obligé de faire usage pour cette dernière de lettres
„euphoniques. L'on a dit *nitaz* ou *nithaz* ‚per me‘, *hitaz*
„‚per te‘. Cette raison seule nous mènerait déjà à ne
„voir dans *niz* et *hiz* que des *médiatifs* pronominaux pris
„verbalement. Nous continuerons, par conséquent, à tra-
„duire, comme nous l'avons déjà fait, *ethorten niz* ‚je
„viens‘ par ‚venire in me per‘ ‚ou plus clairement‘ per
me in τῷ venire". [1]) Avant d'examiner grammaticalement
ce raisonnement, j'y trouve cette hypothèse, déjà bannie
des bonnes grammaires, qui donne pour cause à une
évolution du langage un caprice de l'esprit, comme si une
volonté extérieure avait jamais pu influer sur le développement formel!

Quant à l'imparfait, la traduction analytique proposée par M. de Ch. pour *nintzen,* „per me defunctum"
est à repousser parce qu'elle viole les lois de la syntaxe
et de la composition euscarienne, suivant laquelle pour
dire „par moi mort" les éléments ci-dessus devraient
être classés dans l'ordre suivant *ni-zen-z*: en basque, en
effet, l'adjectif attributif se place après son déterminé et
seul reçoit les suffixes déclinatifs. Enfin, il n'est pas
exact que *tz* soit un adoucissement de *z* redoublé: la
phonétique euscarienne n'admet pas la gémination des

---

[1]) Cette traduction de *ethorten niz* par „per me in τῷ venire"
est inexacte, car *ethorten* est le locatif indéfini qui ne saurait être
rendu que par „in venire, en action de venir". *Ethorten niz* signifie
littéralement „je suis en action de venir, je viens". „In τῷ venire"
correspond à *ethortean,* locatif défini (avec l'article), qui est employé,
comme gérondif, dans le langage courant. C'est M. Van Eijs qui a
relevé le premier (*Grammaire,* 2e éd., p. VII) l'erreur de Darrigol (*Dissertation,* p. 105) faisant de *ethorten* une contraction de *ethortean.*

consonnes et repousse notamment la conséquence de deux sifflantes, même de natures différentes; lorsque deux sifflantes arrivent en contact, la première tombe et la seconde se renforce par compensation en *tz, ts, tch* suivant sa nature, p. ex. *etzen* pour *ez zen* „il n'était pas", *etsegurki* pour *ez segurki* „non certainement" etc.

Il y a d'ailleurs d'autres objections à faire à la théorie de M. de Ch. Si le basque a emprunté son verbe ou l'a créé par imitation, il n'en avait donc point lors de son passage à la vie historique, qui a pu être déterminé par le contact avec un idiome celtique; mais ce serait là une hypothèse absurde: tout au plus pourrait-on soutenir que le basque était encore monosyllabique et qu'il avait comme le chinois, un verbe formé de racines indépendantes mais juxtaposées; que ferait-on alors de la riche déclinaison nominale? et comment, dans une langue monosyllabique, aurait-on pu composer quoi que ce soit? Car le système de M. de Charencey, logique en ceci, ne fabrique point son verbe de racines nues (elles ne sont plus à la disposition de l'homme historique) mais il le compose de mots fonctionnellement variés. Il faudrait admettre que le basque a passé du monosyllabisme à l'agglutination après avoir subi l'influence d'autres idiomes; il faudrait admettre la possibilité du développement formel [1]) dans la seconde période de la vie linguistique; ce qui n'est pas possible.

---

[1]) Car on n'a pas encore nié que la déclinaison basque fut constituée de suffixes formels.

C'est une grave question à examiner du reste que la nature de ces suffixes. Dans les langues aryennes, toute la dérivation se ramène à un petit nombre de racines pronominales ou verbales. En basque dans les langues dravidiennes et dans les autres de même nature, ces suffixes, en dehors des formes verbales, semblent être exclusivement nominaux, c'est à dire qu'ils seraient constitués par des racines nues

Je ne prétends point nier l'influence des langues
étrangères sur un idiome donné, et j'accorde volontiers
à M. de Ch. que l'étude des dialectes celtiques, ougriens
ou canadiens ne sera pas sans utilité pour l'analyse du
basque, quoique les patois romans des Pyrénées soient
les idiomes qui, manifestement, ont exercé l'action la plus
forte sur l'escuara. Mais la parenté du basque et des
langues américaines (algonquin) me semble fort problé-
matique, malgré la ressemblance apparente des pronoms
personnels et du signe de pluralité; il n'y a point de
racines communes, et, pour soutenir cette parenté ima-
ginaire, il faut en revenir à la théorie si élastique de la
famille „touranienne". Je repousse donc l'assimilation de
ces analogies accidentelles avec les rapports entre le
sanskrit et „nos dialectes japhétiques". Pour justifier les
emprunts ou les imitations qu'il suppose, M. de Ch. cite
l'exemple du magyar qui, sous une influence aryenne, a
formé des verbes composés à l'aide de prépositions, et
prétend s'en prévaloir pour affirmer la possibilité d'une
transformation de suffixes en prépositions. Il y a là une
confusion regrettable; une préposition, c'est un mot déjà
fonctionnel, généralement indépendant et reconnaissable
dans la composition, tandis qu'un suffixe est originaire-
ment une racine nue, plus ou moins usée dans la suite
des temps, et essentiellement inséparable. Sans doute,
le hongrois a des verbes composés prépositifs, mais, à
la moindre occasion, la préposition se sépare du verbe;
p. ex. je relève dans le travail de M. Ribáry, *a baszk
nyelv ismertetése*, la phrase suivante: „ha most már a
„tárgyeset többesét is ki akarjuk fejezni, a tő és tulaj-
„donítói rag közé *eki* szótag tétetik közbe (Si mainte-

---

ayant un sens de substance ou de fait et non pas un sens d'action
en train de se faire.

„nant nous voulons exprimer aussi le pluriel de l'objectif,
„la syllabe *zki* est intercalée entre le radical et le suffixe
„attributif)" où *kifejezni* et *közbetétetik* sont décomposés [1]).
J'estime donc qu'il faudrait, avant de conclure à l'emprunt par les Basques du celtique *da* „il est" rechercher
la nature et l'histoire de ce mot dans les langues celtiques; il faudrait de même examiner scientifiquement le
fait avancé de la fabrication du verbe „être" au moyen
de pronoms en maya et dans la langue des Peaux
rouges; il faudrait enfin nous dire si ces idiomes avaient
en outre déjà un verbe et quelle était sa nature.

Le problême se pose uniquement de la façon suivante: ou le verbe périphrastique est primitif, et alors
la théorie de M. Inchauspe est la seule logique; ou il
ne l'est pas, et alors *niz* et *duṭ* étant réduits à l'état de
verbes ordinaires, il n'y a aucune raison pour ne pas
leur trouver de simples analogues dans les formes telles
que *dakart*, „je le porte", *dakit* „je le sais", *nabila* „je
marche", etc.

Or, évidemment la forme périphrastique, qui est
composée, n'est pas primitive, car elle ne peut qu' être
postérieure au développement formel de *niz* et de *duṭ;*
ces deux derniers mots, nés dans la première période de
la vie du basque, ont le sens de „avoir" et „être" et
doivent fournir à l'analyste des radicaux significatifs rem-
plissant ces deux fonctions. Si le radical de *duṭ* ne se
retrouve plus en dehors des formes verbales, celui de
niz existe parfaitement dans *izan* „être, été", *izaite* „exi-
stence" que le prince Bonaparte apparente non sans rai-

---

[1]) M. de Ch. aurait pu citer, avec beaucoup plus de raison,
les formes certainement très singulières telles que *nekem* „à moi",
benned „en toi", *vele* „avec lui", *tölünk* „de nous", *hozzátok* „chez
vous", *nálok* „par eux" formes des suffixes *nek, ben, vel, töl, hoz, nál*
et des suffixes pronominaux *-m, -d, -e, -nk, -tok, ok* „mon, ton, son" etc.

son, à *itz*, *hitz* „parole“. Ici, M. de Ch. fait, qu'il me permette cette expression, de la haute fantaisie; il dénie à *iz* le sens de „être“ et voit dans le participe *izan* un conglomérat des deux suffixes *z* „par“ et *n* „dans“. Il y aurait là une série de phénomènes fonctionnels qui vaudraient la peine d'être examinés de plus près et d'être exposés plus en détail à nos yeux. Pour ma part, j'ai autant de peine à comprendre comment „par dans“ ou „dans par“ a pu arriver à prendre le sens de „être“, qu'à concevoir une assemblée de Basques s'apercevant un beau matin que leur langue n'a pas de verbe et s'empressant *illico* d'en créér un, partie en copiant les langues des Yukatèques ou des Peaux-rouges, partie en pillant dans le vocabulaire celtique.

Admettons pourtant que l'hypothèse de M. de Ch. soit plausible. A quel moment devra-t-elle être vérifiée? Et quelle forme dialectique devrons-nous tenir pour plus authentique? Il nous faudra incontestablement, avant de commencer notre excursion en Bretagne ou en Amérique, chercher la forme du verbe basque la plus rapprochée possible de l'époque de création ou d'emprunt; il nous faudra par conséquent comparer toutes les variétés dialectales d'une même forme pour retrouver le type fondamental. Or, un tel travail montre d'une façon irrécusable la présence du radical *iz* à toutes les formes du présent et de l'imparfait de l'auxiliaire „être“.[1]

Je dois notamment insister ici sur l'imparfait pour démontrer l'erreur de M. de Ch. au sujet de *zen* „il

---

[1] Voyez Revue, V, p. 208 et suiv., et surtout la citation d'un passage du pr. Bonaparte dont M. de Ch. ne récusera certainement pas l'autorité, p. 208; tout au plus, des doutes pourraient-ils être élevés pour la 3e pers. sing., mais je tiens pour provisoirement satisfaisante mon explication de la p. 210, note.

était". Quel est son primitif? Le tableau suivant pourra en donner une idée (j'emprunte les diverses formes au précieux *Verbe* du pr. Bonaparte):

	A dialecte	B *il était*	C *il était à moi*	D *il était à lui*	E *il serait*	F *s'il était*
1	*labourdin*	zen	zitzaitan	zitzayoen	liteke	balitz
2	*navarrais occid. d'Aezcoa*	ze	zitzaida	zitzayo	litzateke	balitz
3	*nav. orient. de Salazar*	zen	zizaidan	zizayon	leike	balitz
4	*nav. or.*	zen	zitzaan	zitzakon	laiteke	balitz
5	*souletin*	zen	zeitan	zeyon	lizate	balitz
6	*souletin de Roncal*	zen	zitzaidan	zitzaun	laiteke	balitz
7	*haut-navarrais méridional*	ze	zekida	zekio	litzake	balitza
8	*guipuzcoan*	zan	zitzaidan	zitzayon	litzake	balitz
9	*biscayen*	zan	jatan	jakon	litzateke	balitz

Il est impossible, en jetant les yeux sur ce tableau, de méconnaître la présence constante du radical *iz* renforcé en *itz*. Les colonnes E et F contiennent les formes du conditionnel et du „suppositif“ manifestement dérivées de l'imparfait, ce dont on acquiert d'ailleurs aisément la conviction en comparant l'ensemble des formes de ces trois temps, même dans un seul des dialectes et sous-dialectes. Cette disparition du *n* dans les dérivés est un des arguments à invoquer pour démonstrer que cette finale est adventice et relativement récente; son inutilité est d'ailleurs prouvée par les dialectes 2 et 7 qui ont leurs imparfaits sans *n* final. La voyelle qui précède le *n* est également adventice, et il résulte du tableau précédent, et de tous ceux qu'on peut encore dresser, que la 3ᵉ pers. imp. ind. sing. pure et primitive était *ziz* ou *liz*, d'où l'on a fait plus tard *zitz* ou *litz,* puis *zitzen* ou *litzen* dont la syllabe *zen* est seule restée; (cf. *banintz, nintzateke* et *nintzen* opposés à *balitz, litzateke* et *zen* évidemment raccourci). Il convient donc d'analyser *nintzen, n-intz-e-n* „je-être-euph.-adv.“; *zen* est tronqué. Quant au *zen* „mort, feu“, c'est le même mot, mais ici *n* est le suffixe conjonctif qui est en même temps relatif et dans *aita zena* p. ex., ou *Napoleon zena, zen* a le sens de „qui était, qui existait“ et l'on doit traduire litt. „le père qui existait, Napoléon qui était“ c. à d. „feu mon père, feu Napoléon“. [1] — Remarquez dans le tableau précédent que les formes des col. C et D dérivent du tronqué *ze (zen)* dans les dialectes 5 et 7.

---

[1] A propos de *zen* „il était“, je dois signaler un emploi curieux de ce mot. „Il est mort hier“ se dit généralement en basque labourdin, non pas *atzo hil da* mais *atzo hil zen* „il était mort hier“ que les gens du pays traduisent en français dans le langage courant: „i mourut hier“.

De l'examen rapide qui vient d'être fait, il résulte, en définitive, ce que je ne me lasserai jamais d'établir, que, comme tous les autres produits phonétiques naturels et spontanés d'organismes humains, le basque peut et doit être constamment traité par les procédés scientifiques de la méthode positive. En particulier, il me parait sage de regarder la conjugaison périphrastique comme un *composé* tardif; certaines formes, contractées véritablement celles-là, telles que *jankot* pour *janko dut* (Puente la Reina) „je le mangerai" ou *emateinat* pour *ematen dainat* (labourdin) „je te le donne, ô femme" sont, par suite, tout à fait les analogues de nos futurs romans, p. ex. *aimerons* pour *aimer avons*. On est ainsi amené à regarder les deux auxiliaires, d'une part, et les diverses autres formes verbales non périphrastiques en usage de l'autre, comme les débris, les restes d'un système primitivement général. C'est là, à mon avis, la théorie réellement scientifique, soutenue par des hommes de valeur et par des philologues de mérite, Oihenart, Humboldt, Mahn, Fr. Ribáry, Van Eijs; l'étude de M. Ribáry (dans les *Nyelvtudományi közlemények*, de Pest, V, p. 37 et 436) est l'essai analytique le plus précis qui ait encore été publié, mais les documents insuffisants et incomplets qu'avait à sa disposition l'auteur de cet intéressant travail lui ont fait commettre un certain nombre d'erreurs plus ou moins graves.

Les autres théories relatives au verbe basque et à l'escuara en général ne s'appuient pas sur les principes sévères de notre rigoureuse discipline. Il convient donc de ne les regarder, quel que soit le mérite personnel de leurs auteurs, que comme des hypothèses hardies et ingénieuses; mais il n'est pas possible de leur accorder une valeur scientifique et il faut impitoyablement les classer parmi ces capricieux travaux que Schleicher appellerait des *etimologisirungen ins blaue hinein.*

Pendant que je préparais les pages qu'on vient de lire, il est tombé sous mes yeux un excellent article de M. Léopold Pannier, dans la *Bibliothèque de l'école des chartes* (T. XXXIV, 1873, p. 283 — 291) à propos d'un livre récent, provenant d'un personnage politique peu intéressant, qui a passé sa vie à soutenir les plus étranges paradoxes. Qu'on me permette d'extraire de cet article les lignes suivantes de tout point applicables à beaucoup de nos modernes basquisants: „combien y a-t-il „aujourd'hui encore, au fond de nos départements, d'esprits „fins et cultivés, qui, au lieu de borner leur ambition à „recueillir avec méthode, sans prétentions, les débris, „chaque jour plus rares, des patois de leur pays, s'efforcent „de prouver à grand renfort de textes recueillis de „toutes parts, sans critique et sans règle, que le dialecte „de leur montagne est la langue dont se servaient Adam „et Ève dans le paradis terrestre?".

Saint-Pée-sur-Nivelle, 10 août 1873.

JULIEN-VINSON.